Collection
« Petite philosophie du voyage »

Patrick Manoukian

LE TEMPS DU VOYAGE

Petite causerie sur la nonchalance
et les vertus de l'étape

Transboréal

Né en 1949, Patrick Manoukian est parti, dès l'âge de 16 ans, pour trois mois dans le Bronx, à New York, puis deux ans après pour 40 000 kilomètres en stop à travers les États-Unis et le Canada. Au terme d'études en droit européen et en sciences politiques à la Sorbonne, ainsi que de journalisme à l'Institut français de presse, il entreprend le grand voyage initiatique de l'époque... à l'envers. Aux chemins de l'Inde et de Katmandou, il préfère ceux qui le mènent en quatorze mois de l'Islande au Belize, puis jusqu'au cœur du Mato Grosso brésilien où il séjournera treize mois de plus. De retour en France au milieu des années 1970, il devient journaliste indépendant. En 1987, il crée deux sociétés : Manook, agence d'édition spécialisée dans la communication autour du voyage, et les Éditions de Tournon qui prolongent son activité d'éditeur pour la jeunesse.

Il est l'auteur des romans policier *Yeruldelgger* (Albin Michel, 2013) et pour enfants *Les Bertignac, L'homme à l'œil de diamant* (Hugo & Cie, 2011), ainsi que des récits de voyage *D'Islande en Belize* et *Pantanal* (Beauval, 1978).

Il n'est pas utile de savoir où l'on va. Ni de chercher un lieu où aller. Le monde se propose à notre appétit, quand il le veut. Il s'ouvre. Il dégage des perspectives, élargit le brin d'herbe jusqu'à la forêt et le coin de fenêtre au ciel tout entier. On ne voyage que dans l'abandon. Sans horaires. Et, de préférence, sans retour.

Franz Bartelt, *Petit éloge de la vie de tous les jours* (Folio, 2009).

À mon père, le zazou ratagne,
et à Zoé, notre abricot des neiges.

NOUS ÉTIONS ASSIS dans un sofa damassé aux pieds tors, adossé au mur des cuisines du « Petit Moulin », un restaurant français de Great Neck à Long Island, près de New York. Au soleil chaque jour, à la fin de ces années 1960 sans interdits, nous y fumions des cigarettes joyeuses avant d'attaquer le service du soir. Alain était serveur, et moi à la plonge depuis moins d'un mois, au bord de mon premier grand voyage à travers le continent. J'avais 20 ans, je voyageais seul, et j'en étais fier.

Cet après-midi-là, j'écoutais Francis, le chef français expatrié, parler de sa jeunesse et de la nôtre. Nous étions en août 1969. Le vieux *coq* un peu aigri n'y comprenait plus rien, à tous ces beatniks à la Kerouac. C'est en lui expliquant leur philosophie qu'Alain en vint à parler de Woodstock et d'un événement hors du commun à venir.

Le lendemain matin, je rendais mon tablier, bouclais mon sac, et partais pour San Francisco fêter mon vingtième anniversaire à Woodstock. Cinq jours de stop pour une traversée d'un océan à l'autre, à la belle époque du *peace and love and not war*. De limousine en Coccinelle, de *truck* en *pick-up*, dans la belle exaltation de cette période heureuse, je traversai d'un trait tous les États-Unis. Puis, comme je demandais à mon dernier chauffeur comment me rendre au festival, il m'apprit en riant que c'était de l'autre côté, sur la côte Est, à deux pas de New York d'où je venais ! À aucun moment il ne m'était venu à l'esprit qu'un tel rassemblement pût se tenir ailleurs que sur la côte Ouest. J'arrivai dans les brumes frisquettes de San Francisco le jour même où débutait, à 4 000 kilomètres de là, le concert historique auquel je n'assisterais pas…

L'histoire fit tant rire mon chauffeur qu'il me prit en sympathie et me conduisit chez lui, en haut de Cole Street, au-dessus du carrefour de Haight et Ashbury, La Mecque du mouvement hippie.

La colline entière semblait nappée d'un nuage aromatique sans équivoque, et mon hôte lui-même, bien que chirurgien, n'était pas le dernier à faire grésiller sa marie-jeanne. Sa maison tout en bois et en terrasses surplombait la ville illuminée, et il m'offrit de dormir sous la véranda.

Le lendemain, je me réveillai tôt pour remercier mes hôtes et ne pas abuser de leur hospitalité. La maison était vide, un petit-déjeuner servi sur la table de la cuisine avec un mot posé contre la tasse et qui m'était adressé : mes hôtes avaient prévu de longue date d'aller naviguer dans la baie avec des amis. Ils ne rentreraient que dans trois jours : la maison était à moi et la voiture dans le garage. Ils me souhaitaient un bon séjour.

Je suppose que je tiens mon goût pour les haltes inattendues de ces jours-là, bien qu'à y réfléchir je me fusse déjà abandonné, quelques années auparavant, à cette douce philosophie du voyage. Roland Dorgelès a écrit que voyager, c'est partir plus qu'arriver. Voyager, pour moi, c'est s'arrêter. Faire une pause paresseuse entre l'étape achevée et celle qui viendra. Paresseuse au sens de Jules Renard, qui écrivait que « la paresse, c'est l'habitude de se reposer avant la fatigue ». C'est une attitude que, depuis, je n'ai cessé de revendiquer en voyage.

J'aimerais partager mon expérience et mes réflexions sur le *temps du voyage*. Défendre l'idée que le temps, plus que la distance, est la composante essentielle de toute pérégrination, parce que le temps est de l'ordre de l'intime et de l'émotion, alors que la distance tient à la perception et à la sensation. Pour moi, le voyage idéal est sans but ou sans terme précis, et se définit par ses haltes et ses étapes plus que par son itinéraire. Il s'enrichit aussi de l'état d'esprit et de la nonchalance avec lesquels le voyageur accepte de s'abandonner à ces moments particuliers. C'est la pause qui donne à l'aventure son échelle. Pas seulement parce qu'elle est un moyen de réfléchir sur son parcours, mais surtout parce qu'elle place le voyageur au croisement de différentes perspectives : celle de son propre voyage, celle de sa vie, et celle de la vie de ceux et celles qu'il croise. Seuls importent alors le temps, qui fusionne ces trois notions, et la disponibilité qui permet d'en faire un instant privilégié.

À l'époque de cette première expérience, comme le chante Bernard Lavilliers, *Nous étions jeunes et larges d'épaules/Bandits joyeux, insolents et drôles/On attendait que la mort nous frôle/On the road again, again...* Je transperçais l'espace et le temps de fulgurances insolentes, m'enivrant de ma propre image de voyageur voyageant. L'idée d'être « en voyage » importait plus que le voyage lui-même ou la distance parcourue.

De passage à La Nouvelle-Orléans, je lus sur une carte le joli nom de Sault-Sainte-Marie. C'était à 4 000 kilomètres plus au nord, entre les Grands Lacs, à la frontière du Canada. J'imaginai une cascade gracieuse bondissant au cœur d'une forêt immense et me mis aussitôt en route. Deux jours et deux nuits de bus non-stop à la poursuite d'une carte postale pour découvrir en fait l'un des premiers déserts chimiques créé par l'homme et son industrie : des sols carbonisés d'acides, des forêts d'arbres fantomatiques blanchis comme une armée décimée de squelettes. Je décidai sur l'heure de rebrousser chemin et de « rentrer » à La Nouvelle-Orléans. Quatre mille kilomètres dans l'autre sens...

C'était une conception très immature et post-adolescente du voyage. Je n'avais pas 20 ans et je déclinais cette ivresse de la distance et du temps comme une farce de collégien, avec le côté bravache des garçons dans la cour de récré. À l'époque, la compagnie des bus Greyhound délivrait aux voyageurs étrangers des forfaits de vingt et un jours à kilométrage illimité dont les dates de validité étaient naïvement écrites au stylo. Il suffisait de les modifier au Corrector pour les renouveler à sa guise et voyager *ad libitum* à travers tout le pays, encourageant par cette forfaiture la méprise sur la vraie nature du voyage.

Cette petite escroquerie portait déjà en elle ce qui allait devenir ma modeste philosophie de l'étape et de la nonchalance. Oublions pour l'instant la seconde, dont le concept demanda un peu plus de temps pour mûrir ; mais le goût de l'escale inattendue, lui, était bel et bien en germe dans ces traversées impulsives. J'allais juste chercher très loin ce que j'allais apprendre à trouver plus près : le détour vagabond, l'étape opportuniste, l'enchantement soudain d'un nom ou d'un lieu à l'écart de mon chemin. Tout était déjà là, mais encore masqué par l'ivresse de l'exploit, de la distance sublimée, du temps traversé, qui seuls me donnaient alors le sentiment de voyager vraiment. Ce que j'ai appelé « le complexe du Corrector ». Lire un nom sur une carte à 4 000 kilomètres de distance et décider d'aller y voir, c'était déjà privilégier l'inattendu sur le prévu. Au nom de cette petite sagesse encore inconsciente, pendant ce premier long voyage, j'ai quitté ma route pour visiter Chattanooga, Coon Rapids, Tippecansett Pond, Grand Teton, Shoshone Creek ou Yoshua Tree. Juste pour la couleur d'un nom ou la mélodie d'une image.

En août 1969 cependant, Greyhound décida de perforer la date de péremption sur ses forfaits au lieu de l'écrire au stylo. Plus moyen de falsifier les carnets de coupons ! C'est pour cette raison que je partis vers l'Ouest en auto-stop plutôt qu'en bus, pour ce que je croyais être le grand rassemblement de Woodstock. Une méprise qui fit de moi la risée de tous les routards, beatniks et autres hippies de l'époque, mais dont je garde un souvenir précieux parce qu'elle marqua la nouvelle façon dont je voulais désormais voyager.

Garder l'inattendu que je venais de découvrir, mais préférer désormais une certaine nonchalance à la précipitation.

Le lendemain de mon arrivée à San Francisco, seul dans le sofa sur la terrasse, face à la ville toute en collines, je pris conscience que le voyage n'était pas tant dans le mouvement que dans la pause. Ce que je désirais désormais, c'était saisir l'occasion des étapes imprévues qui s'offriraient à moi, et surtout prendre le temps de les savourer.

Le lecteur comprendra vite la valeur que j'alloue au sofa comme allégorie de la nonchalance et des vertus de l'étape. C'est l'objet inconfortable qui prédispose aux siestes inattendues. On ne dort pas dans un sofa. On s'y pose. On s'y repose. Ce n'est ni un canapé où l'on sombre dans nos rêves, ni un divan qui nous garde éveillés sur nous-mêmes. Un sofa est un peu raide, comme les banquettes d'autocar ou les bancs de gare. Impossible de s'y allonger tout à fait : trop court de la tête aux pieds, pas assez large des fesses aux genoux. Mais c'est cet inconfort qui rend l'abandon si délectable, et unique le moment où le corps nous abandonne pour se fondre dans l'émotion immobile de ce qui nous entoure. Dans un sofa, le voyage vous garde sur le fil du temps entre le rêve et la réalité, la halte et le chemin, la fatigue et le repos. On peut s'effondrer de sommeil dans un canapé ou un divan, s'y laisser piéger par la fatigue et la paresse. Ces couches-là sont faites, comme les lits, pour garder un dormeur. Se niche en revanche, dans l'inconfort même du sofa, l'idée d'un nouveau départ. C'est un petit meuble qui pousse à repartir et à continuer. Le voyageur doit s'habituer aux lieux comme il doit s'habituer à la banquette. De la même façon dont le sofa maintient un fragile équilibre entre le sommeil et l'impossibilité de se délasser complètement, la halte apporte un moyen terme entre l'envie de s'arrêter et le désir de repartir, sensation identique à celle qui naît d'une sieste brève et légère à une table, la tête sur les bras croisés, ou dans les cordages lovés d'un bateau, ou bien sur le banc d'un parc – voire dans le filet à bagages d'un train.

Il est doux aussi de s'abandonner au bercement d'une balancelle ou d'un rocking-chair, surtout s'ils sont à l'extérieur, la première suspendue à la varangue, le second roulant sur les lattes du plancher. Le temps qu'hypnotise leur lancinant balancement n'est plus celui du voyage : c'est déjà presque celui du sommeil, auquel manque la précarité nécessaire à la conscience de l'étape. Alors, il reste le hamac, version tropicale de l'inconfort du sofa. De même que le voyage est un précieux équilibre entre le parcours et l'étape, apprécier un hamac demande un équilibre du corps : il faut savoir s'y allonger de travers pour ne pas se tordre le dos, garder hors de la toile une jambe et le bras opposé pour se stabiliser. Un art de l'harmonie entre inconfort et assoupissement qui est propice à la réflexion sur ce temps du voyage qui passe et pourtant vous garde là, immobile, à l'étape.

Depuis les sofas de Great Neck et de Cole Street, j'ai appris à cultiver ces instants privilégiés où plus rien ne vous appartient que le sentiment enivrant de vous fondre dans l'essence anecdotique du monde. Je m'y suis appliqué jusqu'à mettre en scène certains de ces abandons paresseux, jusqu'à porter un sofa là où je voulais m'y endormir. Un tel acte de paresse, il faut du courage à un voyageur pour l'avouer. Le voyage est devenu une course. Même le voyageur solitaire s'y contraint quelquefois. Il sait déjà où il sera le lendemain, puis le jour suivant et encore le jour d'après. J'ai souvent eu à répondre de mes voyages : « Lao Tseu a écrit qu'un voyage de 1 000 kilomètres commençait toujours par un premier pas, c'est vrai, mais comment décide-t-on de partir pour un tour du monde de vingt-sept mois ? »

Répondre que vous n'avez rien décidé n'intéresse pas les intervieweurs. Que les voyages ne commencent pas seulement par un premier pas mais que chaque autre pas ait été un premier pas ne les intéresse pas davantage. Que ces vingt-sept mois ne vous aient mené que d'Islande au Belize puis jusqu'au Mato Grosso, alors qu'ils auraient pu vous conduire à faire le tour complet du monde, les étonne défavorablement. Au lieu d'y trouver la preuve que vos haltes ont dû être plus longues que vos déplacements, ils ne célèbrent que l'exploit d'un voyage au long cours, alors que la vraie richesse qu'il faut en extraire, ce n'est pas ces vingt-sept mois dans leur globalité, qui n'offrent qu'un raccourci facile et spectaculaire, mais chacune des étapes qui vous a un jour donné envie de vous arrêter plus longtemps que prévu, et d'en repartir un peu plus tard.

Appréhender un voyage dans sa totalité est souvent trompeur pour deux raisons. La première résulte d'une confusion entre le temps et l'espace. Deux ans de voyage impressionnent l'imagination par la distance censée avoir été parcourue plus que par le temps passé. On s'étonne d'ailleurs beaucoup moins d'un séjour d'une durée équivalente. La seconde raison concerne moins le voyageur que son interlocuteur. Quand ce dernier cherche à se représenter un voyage de deux ans, il le fait en l'envisageant comme une « absence ». C'est deux ans loin d'une vie quotidienne qu'il s'imagine quitter pour une vie différente qu'il ne parvient pas à concevoir. Pour le voyageur au contraire, cela représente deux ans d'émotions et de rencontres qu'il aura vécues en plus du souvenir intact de ce qu'il a laissé et retrouvera au retour. La véritable surprise du voyage est là, bien plus que dans l'exploit de la distance. Et quand on répond pour faire un bon mot que si l'on a voyagé si longtemps, c'est sûrement qu'on s'est arrêté très souvent pour faire une sieste dans un sofa, il faut le prendre au premier degré et le croire, ce que peu de personnes sont capables de faire. Et pour cause... cela demande de comprendre ce qui, pour beaucoup, semble encore un contresens au voyage : l'art de la halte, l'abandon au temps, la tentation de la pause.

Après ceux de Long Island et de San Francisco, qui sont en quelque sorte à la genèse du nouvel esprit de mes voyages, il me vient l'image d'un autre sofa qui illustre bien ma petite philosophie de l'étape. Celui-là était rescapé des cendres du volcan Eldfell, sur les îles Vestmann, au sud de l'Islande. J'étais en Écosse quand j'entendis parler de l'éruption de l'Eldfell, endormi depuis cinq siècles. C'était quatre ans après la « révélation » de Cole Street, et d'un intérêt suffisant pour que je succombe aussitôt au syndrome de Sault-Sainte-Marie. Au troisième jour de l'éruption, après la coulée de lave, le volcan avait enseveli sous une colline de cendres le port de pêche et seul village de l'île Heimaey. Quant à la coulée qui menaçait l'entrée du port, un scientifique la faisait arroser d'eau de mer jour et nuit pour dévier son flot. Il fallait beaucoup de bras pour cette tâche, et nous eûmes l'idée de créer une sorte de brigade internationale regroupant les routards et les voyageurs que l'approche du volcan fascinait. Les autorités nous affectèrent au travail d'exhumer le village. Nous étions plus d'une centaine, grisés par la proximité du volcan et la mission à accomplir, mais aussi par le bonheur inespéré d'avoir choisi le bon détour et la bonne halte.

Sur le monceau de cendres, nous avions repéré et marqué le tracé des rues. Nous creusâmes ensuite avec précaution un quadrillage de tranchées jusqu'à atteindre l'asphalte, puis élargîmes nos fouilles de chaque côté pour atteindre les trottoirs, les perrons, enfin les façades. Dès qu'une maison avait ses quatre murs dégagés jusqu'au sol et son toit grossièrement déblayé, nous passions à la suivante, laissant derrière nous un chantier de demeures sinistrées. Sauf une ! Une maison dont seul le toit émergeait de la cendre mais dont les tôles vertes étaient impeccablement nettoyées, la cheminée blanche immaculée, le haut de la façade blanc et propre lui aussi. Au fur et à mesure qu'elle émergeait des scories du volcan, la maison apparaissait propre et neuve. J'étais fasciné par cette demeure ressuscitée et par le comportement de Yoshi, le routard japonais qui s'en occupait. Même si j'avais saisi l'occasion de cette étape islandaise, je ne maîtrisais toujours pas l'art de la nonchalance. Encore une fois, dans la façon de dégager vite et mal le plus de maisons possible, j'avais cédé à la même fulgurance qui me faisait traverser des milliers de kilomètres pour la seule ivresse de les avoir parcourus. J'avais raison en tant que sauveteur : dégager vite, même mal, c'était hâter le retour des habitants chez eux, et s'acquitter au mieux de la mission confiée par les autorités locales. Pourtant, j'enviais ce que représentait pour lui-même la façon de faire de Yoshi. Là où je n'avais aucun affect pour les maisons que je dégageais, ne trouvant de satisfaction que dans l'accomplissement d'une tâche, il semblait avoir noué un lien personnel et sentimental avec sa maison. Le temps qu'il prenait à la faire émerger propre et nette de ses cendres la rendait belle. Je me souviens avoir pensé qu'elle semblait heureuse alors que les miennes n'étaient que des silhouettes blessées et sans âme. L'idée me vint alors qu'il pouvait en être de même pour les voyages.

Il devait y avoir des voyages que, par notre façon de voyager, nous rendions heureux. *Heureux qui comme Ulysse*... Peut-être l'attention et le temps que nous devrions porter à chacune de nos étapes pourraient-ils en changer la nature, et faire d'elles des moments privilégiés susceptibles de transformer l'esprit même du voyage ?

« C'est le temps que nous accordons aux choses qui les rend belles », me confirma Yoshi une fois *sa* maison entièrement dégagée. Il en avait tiré un petit sofa bleu jusque devant le perron propre et balayé, et m'avait invité à m'y asseoir pour parler de nos voyages. Comme je demandais si sa théorie s'appliquait aussi à l'art de voyager, il tira de sa poche une carte du monde qu'il déplia soigneusement comme on ouvre un origami. Je n'avais jamais rien vu de pareil. Le tracé de ses quatre années de voyage était comme une dentelle qui ourlait les continents qu'il avait parcourus. Yoshi ne voyageait qu'en longeant les côtes au plus près. Il suivait la moindre corniche, longeait la moindre crique, et s'il y avait un chemin de contrebandiers, de douaniers ou de naufrageurs, il l'empruntait aussitôt. Et il ne passait d'un pays ou d'un continent à l'autre qu'au point le plus étroit.

Ce que démontrait cette carte, c'est que la façon de voyager importe plus que le voyage lui-même. Penser à un voyage, c'est trop souvent l'envisager comme un tout fini, c'est-à-dire incluant le retour. Or quand un périple a une fin prévue, déterminée, que ce soit un lieu d'arrivée ou une date de retour, les étapes ne sont plus que de simples degrés dans la progression du voyageur vers cette fin. La géographie leur impose sa logique quand le voyage tend vers un lieu, et le temps les contraint quand une date en assigne le terme. Quelles que soient les rencontres ou les découvertes, elles ne sont alors mesurées qu'à l'aune du temps qui reste ou du chemin encore à parcourir. Bien sûr, respecter « le principe de Yoshi », c'est faire du voyage un simple vagabondage. Ne se donner ni but ni durée, et ne s'imposer que la manière, c'est aller à l'encontre de la définition contemporaine du voyage, qui ne serait que le déplacement d'un point à un autre et le retour dans un temps donné. En décidant simplement de longer les côtes, sans prévoir de retour ni d'autre itinéraire, Yoshi faisait voler en éclats la conception du voyage qui l'apparente à une parenthèse dans le temps et l'espace qui se referme par un retour. Il aurait pu continuer à voyager pendant des décennies sans jamais se poser la question de savoir où il en était de son périple, alors que je me la posais à tout moment. Combien de temps encore ? Combien de temps ici ? Combien de temps avant la prochaine étape ? Combien de temps avant le retour ? Et même : ai-je déjà passé la moitié du temps que je me suis accordé ? Comme si, après ce zénith, la descente vers le retour était inéluctable et conditionnait déjà l'esprit du restant du voyage.

Il n'est pas besoin de partir plusieurs années pour adopter cette philosophie du voyage. Penser que d'autres ont le privilège de pouvoir voyager sans contrainte de retour, c'est encore envisager le voyage comme une contrainte. Yoshi ne s'était jamais posé la question de savoir combien de temps ni jusqu'à quel horizon il envisageait de voyager. Peu importe où nous mènent nos pas vagabonds. La vraie question, c'est de savoir quand l'envie de rentrer nous prend. La fin du voyage ne se prévoit pas. C'est le voyage lui-même qui la façonne peu à peu et l'impose. Tout le reste se déroule au jour le jour. J'ai depuis choisi de ne pas me sentir obligé de rentrer de mes voyages, mais juste d'en avoir envie. Dans les moments difficiles, je gagne ma vie par-ci par-là, je me débrouille, je m'arrête, et repars tant que l'envie de continuer est plus forte que celle de rentrer. Le voyage n'est plus une parenthèse depuis que j'ai rencontré Yoshi. Il est une vie en soi, différente et parallèle, concomitante à la vie ordinaire, mais pas incluse en elle. Le voyage, c'est une autre dimension qu'on peut expérimenter le temps d'un week-end comme pendant celui d'un tour du monde.

J'ai compris plus tard ce qui donne au voyageur cette nonchalance qu'aujourd'hui je revendique. Ce qui rend le voyage nonchalant, c'est l'absence de l'obsession du terme, la liberté soudaine et choisie d'apprécier le temps présent, et non le temps passé ou qui reste à venir. Cette nonchalance, quand on la goûte, change la perception du voyage. Les haltes ne sont plus de simples étapes, c'est-à-dire des points de progression programmée vers une fin prévue. Dégagées de leur charge progressive, elles deviennent des moments privilégiés, le plus souvent inattendus. Quand elle ne s'inscrit pas dans un voyage prédéfini, chaque étape devient un séjour en soi, lui aussi sans autre limite temporelle que l'envie de repartir. L'envie, et pas l'obligation. Sans cesse, mais sans mesure non plus, l'esprit balance entre le désir de rester et le désir de repartir. C'est un balancement sans conflit, sans mécanique extérieure, entre deux équilibres suspendus. Rester puis partir. La nonchalance des beaux voyages s'explique davantage par un rythme que par une allure. Peu importe la vitesse à laquelle on parcourt l'itinéraire prévu jusqu'au terme du voyage. Ce qui compte, c'est le rythme avec lequel alternent, à chaque étape, l'envie de rester et celle de repartir. Comme un balancement. La nonchalance est un rythme que le voyageur donne à son voyage, semblable au déhanchement des femmes langoureuses dans les poèmes de Baudelaire : *Quand tu vas balayant l'air de ta jupe large, / Tu fais l'effet d'un beau vaisseau qui prend le large, / Chargé de toile, et va roulant / Suivant un rythme doux, et paresseux, et lent.*

Ce n'est d'ailleurs que justice, puisque c'est le poète qui réinvente le mot et lui offre une sorte de rédemption sémantique dans « La Charogne ». Je me souviens d'un devoir de philosophie en terminale, illustré par le poème de Baudelaire, sur le thème : une charogne peut-elle être belle ? J'avais défendu qu'une charogne restait une pourriture en décomposition qui ne pouvait être belle. La vision qu'en avait le poète pouvait la rendre belle à ses yeux, mais cela ne changeait pas le fait que la charogne en elle-même était un cadavre. Mon professeur ne partageait pas cette opinion. Selon lui, rien n'existait qu'au travers de notre perception propre, qui donne aux choses qui nous entourent la valeur que nous leur reconnaissons. Si le poète voit la charogne belle, alors la charogne est belle pour lui. Peut-être en va-t-il de même s'agissant du voyage. Il dépendrait du voyageur plus que du chemin effectif qu'il emprunte. Nous vivons nos voyages comme nous voulons les vivre, ou comme notre esprit du jour nous pousse à le faire. C'est pour cette raison que le but du voyage, une fois sa fin atteinte, n'a plus d'importance.

Seul compte le regard que nous portons sur notre façon d'y parvenir.

On dit en Chine que le vrai voyageur ne sait pas où il va. Un voyageur, en effet, ce n'est pas quelqu'un qui va quelque part. Cela, c'est un visiteur qui va, qui visite et qui revient. Si le voyageur sait où il va, alors il n'a pas la surprise de la découverte ou de la rencontre. Il n'y a pas pire étape que celle qui ressemble à l'idée qu'on s'en faisait. Pour voyager heureux, il faut voyager surpris, c'est-à-dire ne pas avoir de but pour saisir, à chaque instant, l'occasion d'une halte imprévue. En d'autres termes, la force du voyage, c'est ce qui nous en détourne.

Tel est le sens que je donne à ce dicton rwandais selon lequel « la route n'enseigne pas au voyageur ce qui l'attend à l'étape ». J'ai fait mienne cette idée selon laquelle l'étape et l'itinéraire sont deux aventures parallèles mais distinctes. Sans doute notre erreur est-elle de toujours vouloir lier les deux, et de ne faire des étapes que les jalons d'un itinéraire, ou de l'itinéraire qu'un moyen de relier des étapes. Peut-être faut-il vivre au contraire les deux simultanément mais de façon différente.

L'itinéraire nous déplace dans le temps et l'espace, et l'étape nous y replace. Le voyage s'y redéfinit alors en un autre balancement permanent de l'un à l'autre. Encore une fois, un rythme plus qu'une allure. « Le temps a beau aller ses étapes, les choses passer, les joies et les tristesses croiser leur route, quand le rythme est là, comment la poésie pourrait-elle périr ? » écrit Ki no Tsurayuki, poète japonais de l'époque Heian. Pourquoi cette vision poétique ne s'appliquerait-elle pas aussi à l'essence même du voyage ? Quand le rythme est là, comment le voyage pourrait-il s'arrêter ?

La nonchalance, c'est donc ce qui donne au voyage le doux rythme du balancement entre la pause et le déplacement. Le mot, à l'origine, est pourtant très éloigné de la notion même de voyage. *Chaloir* signifiant l'intérêt, le *nonchaloir* désignait le désintérêt. On pense qu'à l'origine *chaloir* marquait le souci du feu, qu'il fallait surveiller et entretenir, puis par extension le soin du foyer au sens plus large de maisonnée, jusqu'à signifier enfin la notion générale d'intérêt. Le *nonchaloir* au contraire contient une idée de détachement, d'insouciance, puis plus tard d'abandon, de déshérence, qui prend au fil du temps le sens d'amour abandonné. Mais le poète en ramène la définition vers « l'abandon amoureux », avec le sens nouveau de désintérêt non plus envers les êtres et les choses, mais plutôt envers le jugement des autres sur la façon de s'abandonner avec volupté et sans résistance aux choses et aux êtres qui nous tentent. Je ne sais toujours pas si la charogne pouvait être belle, mais je sais que, morte, elle se désintéresse du jugement des autres, que son corps s'abandonne sans censure ni retenue, et qu'elle est désormais sous la seule emprise du temps qui passe. Cette impudeur légère, ce doux abandon, ce temps qui prend son temps, ont fait de la nonchalance l'art élégant d'une certaine désinvolture, c'est-à-dire, selon le dictionnaire, « l'attitude ou le mouvement du corps d'une personne qui a l'air naturel ». Curieux destin que ces synonymes dont le premier, la nonchalance, passe de défaut égoïste à qualité poétique, alors que le second, la désinvolture, fait le trajet inverse. Mais il reste dans la désinvolture d'origine (en italien « plein d'aisance ») et dans la nonchalance la même notion d'élégance naturelle. Une élégance qui permet à Sartre d'écrire dans *Les Mots* : « Respirant, digérant, déféquant avec nonchalance, je vivais parce que j'avais commencé à vivre. »

Ces circonvolutions sémantiques expliquent que les étapes de mes voyages soient devenues nonchalantes, plus naturelles et plus élégantes que de simples visites. Si j'avais élaboré plus tôt cette philosophie, je serais peut-être resté à Sault-Sainte-Marie. J'aurais pris le temps de rencontrer les travailleurs des aciéries et des papeteries qui empoisonnaient l'air, accepté de partager un verre avec eux, de rencontrer leurs amis, de dîner en famille. Ils m'auraient montré avec fierté ces usines dantesques qui donnaient du travail aux hommes et aux femmes, des écoles aux enfants, des commerces à la ville. Ils m'auraient conduit jusqu'aux écluses monumentales par où transite plus de tonnage que par les canaux de Panamá et de Suez réunis. Nous aurions poussé l'excursion jusqu'à la cascade qui coule au cœur de la forêt, car cette cascade que promet le nom de la ville existe bel et bien. Ils m'auraient parlé des Indiens ojibwés et d'Étienne Brûlé, le premier

Européen à avoir exploré la région. J'aurais déploré avec eux sa mort tragique, assassiné qu'il fut par des membres de la tribu huronne de l'Ours qui le mangèrent pour s'approprier, selon leurs croyances, son courage. Si je m'étais abandonné à la nonchalance, préférant le temps à la distance et l'étape au parcours, voilà ce que j'aurais vécu avec mes hôtes à l'époque de ma jeunesse plutôt que de me sauver comme un voleur pour rentrer à La Nouvelle-Orléans...

La nonchalance apporte au voyage un sens de la disponibilité qui tisse un art de l'étape, où le temps nous retient par une curiosité nouvelle, presque passive. Contrairement au touriste en visite, ou d'une façon plus générale au voyageur organisé qui cherche à retrouver ce qu'il s'attend à voir, le voyageur nonchalant qui fait étape n'est pas curieux de ce qu'il cherchait, mais plutôt de ce qu'il trouve. À la curiosité du prospecteur qui cherche, fouille et trouve, je préfère celle du collectionneur qui déambule, découvre et se surprend. La vie n'étant somme toute qu'un long voyage, il suffit d'être prêt pour que l'occasion se présente. L'art de la nonchalance n'est rien d'autre que l'attitude qui nous prépare à l'hypothèse du voyage.

Mardiros Donakanian avait sa petite échoppe de tailleur au rez-de-chaussée d'un minuscule pavillon, au coin de la rue Paul-Bert à Meudon. Un beau jour, le pavillon fut vendu et Mardiros s'en alla avec sa famille rejoindre son fils Sarkis aux États-Unis. J'avais 16 ans et l'adresse de Mardiros en poche quand j'arrivai à New York pour la première fois, et c'est lui qui me présenta Shaan, un jeune Libanais de 15 ans à peine qui devait me protéger des dangers du quartier. Je dois reconnaître que celui-ci, avec son mètre 90 et ses presque 100 kilos, était un garde du corps rassurant. Le deuxième jour, il m'offrit un blouson « teddy » bleu et blanc avec les lettres M. E. S. – pour Middle East Scorpions – brodées dans le dos. Je faisais désormais partie de son gang, qui était à l'époque plutôt une bande. Quand arriva le premier samedi, ses membres remontèrent la rue jusqu'à un square, de l'autre côté duquel venaient à notre rencontre ceux d'une autre bande. Ainsi, tous les samedis soir, les Middle East affrontaient les Italiens dont j'ai oublié le nom à grands coups de battes de base-ball et de chaînes de vélo, avec juste ce qu'il fallait de violence pour que chacun fût encore capable de remettre ça le samedi suivant. Par chance, il fut convenu dès la première bagarre que j'étais un « invité observateur » des Middle East dispensé de faire le coup de poing, et par conséquent d'en recevoir.

Le reste du temps, le Bronx était d'une violence quotidienne effrayante, et c'est pour m'éviter le pire que mon mentor m'initia à ses dangers et aux moyens de les éviter, au premier rang desquels ce que j'ai adopté comme « le précepte de Shaan » : dans la guerre des gangs, faire face, c'est provoquer. Les hommes se mettent face à face pour s'affronter, et côte à côte pour se connaître. Je me suis convaincu depuis que c'est un principe universel. Je l'ai donc adopté et dès que j'ai eu conscience de ma petite philosophie de la nonchalance, ce principe s'y est enchâssé à merveille comme un brillant sur sa monture.

Voyager côte à côte, marcher ensemble, régler son pas l'un sur l'autre, se parler en regardant la même route, ou chacun de son côté le même paysage, déjà l'image est belle et suffirait à faire opter pour cette sagesse. Mais c'est à l'étape que ce précepte prend tout son sens. Depuis longtemps je ne m'assieds plus face aux gens, mais à leur côté. Ce simple détail suffit souvent à changer l'émotion des rencontres, même dans les longs silences partagés que le face-à-face ne permet pas sans gêne. Côte à côte, on a toujours l'impression que l'horizon, au loin, rapproche les vies parallèles. Face à face en revanche, la présence de l'un marque physiquement la limite de l'autre, influant sur la durée de l'échange, car si l'on peut rester longtemps sans rien se dire côte à côte, face à face le silence de l'autre pousse vite au bavardage ou au départ. C'est presque le symbole de l'étape, qu'on pourrait définir comme le moment et le lieu statiques où l'on croise la vie d'autres gens. On ne s'y percute pas comme dans un face-à-face. Toute la perspective de l'un est ouverte au regard de l'autre.

À l'époque de Shaan, cette attitude n'était pas encore pour moi une philosophie du voyage. Cela ne fut longtemps qu'une façon plus sûre de voyager et de désamorcer des situations dangereuses ou délicates. Aujourd'hui encore, elle me sert à maîtriser des discussions ou des rencontres trop animées. Mais c'est devenu au fil de mes périples bien plus qu'un simple réflexe d'autodéfense. Assis côte à côte à regarder un même événement ou un même paysage, on partage un regard différent sur une même chose. Assis face à face, le regard devient un jugement et une mesure de l'autre. En politique d'ailleurs, les conseillers en communication connaissent la différence d'impact entre un face-à-face et un débat où chaque orateur regarde la caméra. Le premier s'apparente à un combat d'hommes où le spectateur, plus que les idées de fond, appréciera les coups et attendra le K.-O. final. Le second poussera à la comparaison des arguments. Comme dans les sports de face-à-face, le jeu consiste sinon à détruire celui qui est un adversaire, la victoire venant dans ce cas de la défaite d'autrui. Alors que dans les sports où les concurrents vont dans le même sens, comme les courses par exemple, le vocabulaire est moins guerrier, et la victoire vient de la comparaison de la valeur et de la technique de chaque compétiteur plus que de la déconfiture de l'autre.

À Puno, au Pérou, je fus arrêté et incarcéré quelques jours pour une raison que je ne compris pas tout de suite. Je fus vaguement interrogé sur mes étapes précédentes et à venir par un inspecteur en civil qui jouait les durs en présence d'un militaire débonnaire. Comme mon passeport était confisqué, je bénéficiais d'une certaine liberté de mouvement à l'intérieur du commissariat et de sa petite cour. Au soir du deuxième jour, alors que le garde me ramenait des toilettes vers ma cellule, je remarquai l'inspecteur qui fumait, assis sur un banc dans la cour. J'hésitai deux secondes avant de m'asseoir à ses côtés et, poliment, de lui demander une cigarette, moi qui pourtant ne fumais pas. Il me regarda, fouilla dans sa poche, me tendit une américaine. Nous parlâmes au moins quatre heures cette nuit-là. Du Pérou, de la police, de la mauvaise raison pour laquelle j'avais été arrêté, du petit *bakchich* qu'allait me coûter la récupération de mon passeport. Puis il me parla de sa vie, de sa femme, de ses deux filles et de l'avenir qu'il imaginait pour elles, de son pays, de son envie de voyage, de Paris, de ses plus belles affaires, des dangers que je devais éviter, de ses amis qui pourraient m'aider dans d'autres villes. Simplement parce que je m'étais assis à côté de lui, et que nous bavardions sans nous regarder, dans la nuit, dans la fumée de nos cigarettes américaines et la nuit péruvienne. Face à face, même à une table, même en fumant, nous serions restés lui l'inspecteur, et moi le prisonnier. Et si nos regards s'étaient croisés, il aurait pris le mien comme un jugement porté sur sa condition et, à la moindre lueur de condescendance ou de pitié dans mes yeux, aurait cassé la magie du moment et repris son rôle. Cette nuit-là, après quatre heures de ce qui fut presque une confession, il me dit avec regret qu'il fallait qu'il y aille. Il se leva, me tendit la main en me souhaitant bonne chance. *Suerte !*

Revenons un moment sur le sofa comme allégorie de l'étape. En plus de son évidente évocation de la pause côte à côte, le sofa illustre mon propos de deux autres façons. La première parce qu'étymologiquement, il n'est pas « un lit de repos à deux ou trois dossiers », comme il apparaît dans une facture qu'adresse en 1689 le peintre Jouvenet au prince de Conti. Ni même « un petit banc capitonné servant de siège » comme le précisent les dictionnaires du XVIIe siècle. En réalité, le sofa désigna d'abord une estrade tendue de toile et couverte de coussins où le vizir ottoman recevait, assis dans l'unique fauteuil, les ambassadeurs de passage et autres nobles visiteurs. Déjà on sent à cette évocation l'émotion des voyages, des rencontres et des échanges. Le sofa connote la notion d'arrêt, de temps largement pris, de séjour mis à profit pour échanger des avis sur le pays d'où l'on vient et sur celui où l'on fait étape. J'aime l'idée d'un voyageur comme ambassadeur inattendu et pas seulement comme simple visiteur. Elle cadre bien avec celle d'une étape qui prend le temps de connaître et de se faire connaître.

L'autre sens du mot sofa, qui contribue à illustrer ma petite philosophie du voyage, vient de ce qu'il désigne le point central d'une maison dans l'architecture traditionnelle turque. Souvent une cour ou un jardin aéré, quelquefois un patio couvert, il est dans tous les cas le cœur de la maison autour duquel se distribuent les pièces à vivre. C'est le lieu où se retrouvent les membres de la famille et celui où l'on reçoit les étrangers de passage, aux marges de l'intimité de la famille. Alors, l'étape n'est pas une intrusion, mais une halte au bord de l'intimité, le reste ou la suite dépendant de l'invitation éventuelle de l'hôte. Voyager, c'est être étranger chez les autres. S'arrêter aussi. Il faut l'accepter. Rien n'est plus futile que celui qui veut singer son hôte. En dehors du respect des coutumes locales et des traditions de politesse, le voyageur ne doit rien laisser de ce qu'il est à la porte de celui qui l'accueille. Ne pas avoir la prétention de se fondre, en quelques jours, dans une culture qui n'est pas la sienne. Ce serait un abandon d'une part, et une intrusion de l'autre. Il faut rester ce que nous sommes en respectant ceux que nous rencontrons. Pas seulement parce qu'il serait arrogant de prétendre devenir, en quelques heures ou quelques jours, ce que des siècles de traditions ont façonné chez notre hôte, mais surtout parce qu'il serait insultant de lui refuser le plus beau partage que nous puissions lui apporter en remerciement de son hospitalité : celui de ce que nous sommes. Quand nous rencontrons quelqu'un à l'autre bout du monde, nous lui apportons aussi un autre bout de ce monde. Notre émotion commune, quand elle est partagée, vient de la juxtaposition de nos émotions respectives. Comme les couleurs de Van Gogh ne sont pas des mélanges, mais des juxtapositions de touches. Associé au siège côte à côte et à l'estrade pour les ambassadeurs, un patio aux portes de l'intimité complète donc à mes yeux l'allégorie de ce qui constitue une étape nonchalante.

Le trajet, qui incarne le voyage dans l'espace, diffère donc de l'étape, qui incarne le voyage dans le temps. Le trajet est de l'ordre du physique et de la perception, l'étape de l'ordre de l'intime et de l'émotion. Curieusement, alors que je faisais lire ces lignes en cours d'écriture à une voyageuse qui revenait de Cuba, elle m'avoua ressentir le contraire. C'est dans les longs trajets en bus que l'émotion de ce qu'elle avait vécu à l'étape précédente la saisissait. Une autre m'avouait avoir ressenti la même chose lors d'un voyage à bord du Transsibérien. C'est que le trajet n'est parfois qu'une forme singulière d'immobilité. Si le bus ou le train parcourent l'espace, le temps y est arrêté.

J'ai connu ce même sentiment en naviguant. Il n'y a pas de symbole plus vertigineux du voyage que celui d'une traversée en bateau. Une avancée permanente, têtue, obstinée, régulière de jour comme de nuit, tracée sur une carte d'un port à un autre. Pourtant ce long voyage n'est souvent qu'une parenthèse dans le temps, plus comparable à une pause qu'à un itinéraire. Et la monotonie de cette longue étape hors du temps, associée à la fascination de l'océan, donne à de telles traversées des langueurs nonchalantes. Voyager par ces moyens de transport, c'est voyager de façon statique, assis à côté de quelqu'un, à contempler en silence les mêmes paysages. Il n'y a pas de contradiction entre la perception de ces deux voyageuses et la mienne : ces voyages, quand ils durent, sont comme des pauses mobiles ; ils accomplissent une translation du temps. À l'intérieur du vecteur qui se déplace, nous restons immobiles et ouverts aux mêmes émotions qu'à l'étape, émotions qui nous ramènent à nous-mêmes. Ce n'est pas un hasard si, attiré par la beauté d'un paysage magnifique, on s'arrête pour le contempler. L'immobilité est le réflexe universel de l'émotion qui vous saisit.

Suspendre le temps, y inclure sa propre immobilité, c'est s'imprégner des choses qui nous entourent en cherchant à les intégrer au-delà de leur perception. Or l'émotion n'est que le rapport à soi des choses qu'on voit. Ce qui nous fige sur place, ce n'est pas, matériellement, la scène qu'on découvre, mais l'émotion qu'elle nous procure en nous faisant prendre conscience que nous sommes partie prenante de cette scène. Nous restons toujours l'étalon de nos émotions.

J'ai traversé une fois l'Atlantique Nord à bord d'un ancien dragueur de mines converti en navire océanographique, un jumeau de la *Calypso* du commandant Cousteau. L'équipage avait couru une dizaine d'allers-retours entre Reykjavik en Islande et Rhode Island aux États-Unis. L'équipe scientifique, elle, changeait à chaque escale, et j'ai embarqué à la dernière pour le retour définitif à Narragansett. C'est dire si les marins étaient pressés de rentrer et les universitaires ivres de naviguer ! Toutes les deux heures, nous stoppions les moteurs pour descendre à 4 000 mètres au bout d'un câble en acier un robot supposé remonter une poignée de ce qui tapisse le fond de la grande fosse nord-atlantique. Après une dizaine de tentatives infructueuses, l'entêtement des scientifiques avait mis à rude épreuve la patience des marins. Au motif d'une queue d'ouragan qui venait du sud finir sa course folle sur notre route, et de quelques icebergs qui glissaient du nord la rejoindre également, l'équipage se mutina pour mettre fin aux expériences. Et voilà que soudain, privés de notre agitation expérimentale et pris dans la douce routine de la navigation, nous redécouvrions l'endroit où nous étions, sur l'océan immense, à des latitudes aventureuses. Cette émotion subjuguante que nous n'avions pas su partager, marins d'un côté et scientifiques de l'autre, voilà qu'elle nous saisissait tous ensemble dans l'oisiveté relative de la fin de cette traversée. Avant nous n'étions qu'un équipage sur un bateau, et maintenant nous étions des voyageurs sur l'océan. Rien autour de nous n'avait pourtant changé, si ce n'est le regard que nous portions sur notre propre voyage, et la place que nous reprenions en lui. Nous étions redevenus des voyageurs conscients de l'être.

Le vertige qu'engendre la contemplation des steppes de Mongolie, l'impression d'éternité minérale que donne le mont Denali en Alaska, la force sauvage et brutale qu'inspirent les chutes de Gullfoss en Islande, l'intarissable effondrement végétal et aquatique qui frappe à Iguaçu ou au Zambèze, sont des impressions qui n'existent que par rapport à qui je suis et comment je me perçois par rapport à ce qui me saisit. Le voyageur n'est pas vierge de toute culture, et celles qu'il aborde ne sont vierges que pour lui. Nous promenons tous avec nous notre propre monde en bandoulière, et nos émotions ne sont catalysées que par nos propres sentiments, pensées et habitudes. De même, les personnes et les lieux que nous abordons cristallisent des émotions différentes de celles que nous projetions sur eux avant de les découvrir. Sur le même chemin, chaque voyage est différent parce que chaque voyageur emporte avec lui l'étalon personnel de ses émotions, comme l'ambassadeur s'asseyait riche de sa propre culture sur le sofa du vizir ottoman. C'est encore ce qui explique ma préférence pour le côte-à-côte plutôt que le face-à-face. Je préfère que les cultures se frottent les unes aux autres plutôt qu'elles s'opposent.

Voilà pourquoi il est si bon de s'assoupir, au soleil des fins d'après-midi, chez des amis de rencontre qui vous accueillent sous la véranda de leur maison. Il est vrai que le temps qu'y passe le voyageur nonchalant peut sembler de la paresse à l'homme plus pressé.

J'ai fait en Mongolie un grand détour juste pour revenir partager l'un de ces instants privilégiés dans un lieu que j'avais aimé. Sous une large véranda en bois, face au petit campement de yourtes de Gobi Mon, au milieu des steppes parcourues de troupeaux sauvages, du crépuscule jusqu'à la nuit, je suis resté assis à côté de ceux dont je ne parlais pas la langue, m'imprégnant du bonheur d'être simplement là, à boire de l'*aïrag* en silence. Quand, tard dans la nuit, dans l'ombre des choses, sous une immense lune rousse, j'ai demandé à mon guide de traduire à mes hôtes l'émotion que je ressentais, l'un d'eux a répondu quelques mots dans sa belle langue toute en murmures : « La halte est le bonheur des nomades. C'est le temps immobile qui nous imprègne du monde. » Comme nous buvions du thé au lait salé, l'image m'est venue d'une émotion qui infuse en nous. Le monde c'est l'eau, l'herbe c'est nous. Seul ce qui sort de notre moi le plus intime donne sa couleur et son goût au monde qui nous entoure. C'est en cela que chaque voyageur fait un voyage différent.

C'est cette sensation que j'appelle depuis « mon thé mongol », et que je m'efforce de siroter chaque fois que je peux m'arrêter quelque part où je suis bien, de préférence assis avec nonchalance à côté d'étrangers que je viens de rencontrer. Ce nomade de rencontre, dont le prénom, Eruuldelger, signifiait « vœu d'abondance », résumait en quelques mots la petite philosophie de l'étape et de la nonchalance que je m'efforçais de construire depuis des années. J'y retrouvai l'éthique de la halte si précieuse au nomade, qui restitue le temps au cœur de l'espace, cette placidité du cavalier de la steppe qui atteint la pure harmonie entre l'élégance et le naturel, et la leçon précieuse que c'est le voyageur qui, par l'intimité de son expérience et le temps qu'il lui accorde, colore le monde qu'il découvre d'une vision unique. Peu importe le goût du thé, pourvu qu'on le partage. J'ai souvent retrouvé ailleurs la magie de ces instants fraternels dans les petits cérémonials que les gens simples du monde savent préserver, comme celui du maté en Argentine ou du guarana au Brésil.

« Le voyageur ne doit pas se produire, s'affirmer, s'expliquer, mais se taire, écouter et comprendre. » Que cette phrase soit tirée de l'*Éloge du repos* de Paul Morand me confirmera toujours dans la poursuite de l'insouciance.

Trop longtemps j'ai voulu que mes voyages ressemblent à ce que j'en attendais ; ce faisant, j'aspirais en fait à ce qu'ils me ressemblent, tout simplement. Je transférais mes émotions et mes références sur les inconnus que je croisais, les jugeais et les appréciais en fonction de critères qui n'étaient que les miens, forcément arbitraires. Ce qu'expliquait mon compagnon nomade avec ses mots parfumés, c'est qu'il importe peu que nous ne voyions pas de la même façon le paysage identique que nous regardons. L'essentiel est de le regarder ensemble. Lui probablement y apercevait des collines qui renvoyaient à son enfance, des visages heureux ou des souffrances, la perspective d'une vie qui s'y déroulerait encore et encore, des fraîcheurs, des senteurs familières, des chagrins, des peines et des souvenirs. Moi, j'y voyais des horizons enivrants comparés aux bocages de mon enfance, une solitude voulue et recherchée, la satisfaction d'être là malgré mes études et mes erreurs ou à cause d'elles. Lui voulait s'en imprégner toujours parce qu'il allait y vivre encore longtemps, moi je voulais m'en imprégner davantage parce que j'allais tout quitter bientôt.

La beauté des paysages n'est souvent que la beauté des solitudes. Le voyage ne s'enrichit pas seulement des images, mais de la vie de ceux qui habitent ce que nous croyons n'être que des images. La solitude des paysages fait s'engouffrer l'univers en nous et souffler le vent du monde dans nos âmes. Le monde et nous. Nos solitudes face à l'univers. Tel est le sens de la halte et du temps qu'elle arrête pour nous.

« C'est le soir qu'on prépare son départ au petit matin », dit la sagesse populaire, et même si par paresse on ne le prépare pas toujours, on y pense. J'ai longtemps cru qu'il s'agissait de préparer son bagage, et j'ai mis bien du temps à comprendre qu'il s'agissait de se préparer au départ. Y penser, l'imaginer, le rêver dans ce qu'il suppose d'équilibre entre ce dont il va nous priver de l'étape qu'on quitte, et ce dont il va nous étonner de l'étape qu'il nous promet. Bien des bivouacs m'ont convaincu qu'autour d'un même feu ou d'un même verre, chacun attendait du même lendemain des émotions différentes. Préparer son départ, ce n'est pas non plus préparer son chemin, mettre des noms et des kilométrages sur son itinéraire. C'est au contraire se laisser convaincre d'être assez riche de ce que nous venons de vivre pour désirer partir s'enivrer ailleurs d'autres émotions. Partir est toujours un choix personnel, même quand on voyage à plusieurs. C'est toujours une attente intime. Les voyageurs donnent en fait un goût personnel au même paysage que pourtant ils parcourent ensemble, et c'est déjà une belle raison de voyager côte à côte. Mais quand il s'agit d'un voyageur et de son hôte de rencontre, les saveurs du lieu sont encore plus parfumées d'émotion, car l'un contemple ce qu'il va bientôt quitter, et l'autre ce qu'il va continuer d'habiter. Avec cette différence désormais inoubliable que le premier saura que le second y vit toujours, et le second que le premier y est passé. Et ce lien particulier, bientôt distendu par le temps et l'espace et les mille choses de la vie, existera toujours. Voilà pourquoi les haltes flegmatiques et les rencontres qu'elles occasionnent procurent des émotions uniques qu'il faut savoir entretenir. La curiosité du vrai voyageur est plutôt passive, et je préfère recevoir des émotions inattendues plutôt que de les rechercher. Rousseau l'a mieux dit que moi, lui qui écrit : « Apercevoir, c'est sentir ; comparer, c'est juger. Juger et sentir ne sont pas la même chose. »

Cela n'empêche pas cependant de s'appliquer à créer des conditions favorables pour que ces émotions imprévisibles surgissent. Pratiquer l'art du sofa, prendre le temps du voyage, voyager avec nonchalance, s'asseoir côte à côte, chercher à comprendre plus qu'à savoir, ce sont quelques-unes des pratiques du voyage qui, cultivées, peuvent susciter l'avènement de telles émotions.

À cette époque, les grandes écoles de samba ne défilaient pas encore dans le court *sambodrome*. Le défilé descendait la longue avenue Rio Branco pour se décomposer au petit matin en allégories épuisées, dans les parcs et les jardins qui bordent le quartier et le port de Flamengo. C'était mon premier jour au Brésil, et le deuxième du carnaval. J'étais arrivé de Miami en première classe, mais sans un sou. J'avais été payé de plusieurs mois de cabotage dans le golfe du Mexique par le billet d'avion que le capitaine se réservait, s'il n'avait perdu ses économies dans notre naufrage.

Bien sûr, je voulais voir le fameux défilé. Imperceptiblement d'ailleurs, la cohue des rues me poussait vers la grande avenue, mais l'accès en était contrôlé par trois barrages qui filtraient les invités et les touristes payant. J'essayai de les passer au culot, en montrant avec aplomb comme un sésame officiel ma carte de restaurant universitaire. Si le premier bidasse de la police militaire se laissa surprendre, le second se montra intraitable, me laissant prisonnier dans un *no man's land* agité entre les deux premiers contrôles. Celui qui s'amusa beaucoup de mes tentatives diverses et variées pour atteindre l'avenue s'appelait Everaldo Setubal. Il était vieux, petit et ridé, mais son visage n'était qu'un large sourire.

Il me fit signe de m'asseoir à ses côtés et de partager sa Brahma Chopp *bem gelada*. Nous avons longtemps regardé dans un silence complice l'agitation autour de nous, en écoutant la progression assourdissante des *batucadas* dans l'avenue. Ce que j'entrevoyais était un spectacle féerique. Everaldo me détrompa : « Ça, ce n'est pas le carnaval, ce n'est que du music-hall ! » Et il m'expliqua longuement, d'une voix chantante, ce qu'est un *vrai* carnaval, un *vrai* défilé, une *vraie* école, et bientôt la magie de l'instant prit le dessus sur la magie des lieux. Peu m'importait à présent ce carnaval dont j'avais si longtemps rêvé et qui défilait à 10 mètres à peine de moi. Être là, dans cette ville, dans cette nuit, dans cette chaleur, dans ce vacarme, à écouter parler ce vieux mulâtre dans une langue chantante que je comprenais à peine, partager ses bières et ses *kibes*, sourire ensemble, suffisait à mon bonheur de l'instant. J'aurai du mal, un jour, à expliquer pourquoi je m'étais arrêté si près d'un rêve depuis longtemps couru, et j'aurai encore plus de mal à expliquer l'alchimie précieuse de cette rencontre ordinaire qui prenait le pas sur mon rêve.

Nous parlions depuis des heures déjà, sourds au déchaînement des *sambas de enredo*, quand un silence étrange se fit sur l'avenue. Puis du fond de la nuit éclairée, *a capella*, monta comme une sourde et ronde mélopée, reprise par des milliers de voix, dont les paroles répétaient « Mangueira arrive ». « C'est ça, le carnaval ! » dit Everaldo avec émotion. Il se leva, me prit par le bras, me fit traverser sans un mot les deux derniers barrages, et me conduisit avec une assurance qui nous servit de sésame jusqu'à l'avenue où défilait l'école vert et rose de Mangueira. « C'est ça, le carnaval. C'est sincère. Ce n'est pas un *show*. C'est Mangueira qui défile, avec élégance et naturel. » Puis il me poussa gentiment dans la foule en costume d'une « aile » qui passait et qui m'emporta dans son sillage, me criant par-dessus les tambours de la *batucada* que je méritais d'être mangueiriste. Aujourd'hui encore, après une dizaine d'autres carnavals à défendre les couleurs de Mangueira, je repense aux mots d'Everaldo. J'ai compris depuis pourquoi il ne m'avait pas tout de suite accompagné jusque sur l'avenue. Il voulait que je prenne le temps de me charger de l'émotion nécessaire qui me permettrait d'être saisi tout de suite par l'esprit du carnaval. Ce que m'a appris à aimer le généreux mulâtre, ce sont tous les détails qui font que le défilé n'est pas qu'un spectacle, mais aussi un concours où l'on défend son champion. Vivre un carnaval, c'est réussir cet équilibre. Recevoir le spectacle, et en même temps l'enrichir de son émotion en prenant parti. Être à la fois spectateur et, sans forcément en être acteur, se laisser prendre par l'émotion d'une *préférence*. Seul celui qui comprend et partage l'émotion de l'inconnu assis à ses côtés vit réellement cet instant très particulier.

C'est sans nul doute une ciselure de plus dans l'art de la nonchalance où, étranger élégant et naturel, assis au côté de nos hôtes à contempler le même spectacle à travers le prisme de nos émotions respectives, nous nous rejoignons en choisissant de partager une même préférence. À chaque étape, à chaque rencontre, faire le choix d'une préférence pour partager un peu de l'émotion des autres. Trop souvent, le voyageur se contente en effet de sa propre émotion, quelquefois justifiée par la force de ce qu'il vit.

Il vaut la peine de voyager autrement, en s'accordant le temps, sans rien abdiquer de ses propres émotions, de partager un peu de celles de ses hôtes. Prendre parti pour une ou deux choses qu'ils aiment par-dessus tout, leur accorder sa préférence, accepter de s'y abandonner et s'appliquer à les respecter au mieux, tout en sachant rester dans son rôle d'étranger qui passe, c'est partager beaucoup plus qu'une rencontre.

Un jour, au cours d'un bivouac dans le Pantanal inondé, au sud du Mato Grosso brésilien, nous avions pêché et grillé des *pacus*, poissons qui ressemblent aux piranhas. Je connaissais le dicton qui faisait sourire mon guide et ses *zingadores*, aussi fis-je l'effort de me brûler les lèvres en dépeçant du bout des dents la chair délicieuse. Je fis durer la scène, suçant les arêtes, léchant mes doigts un à un, essuyant lentement ma bouche puis, longtemps, bien longtemps après seulement, fis ce qu'ils espéraient tous et mangeai la tête. « Qui mange la tête du *pacu*, pour toujours reste chez nous », se plaisent à croire les *pantaneiros*. C'est le geste que mes hôtes attendaient, et que je savais qu'ils attendaient. La longue veillée, ce soir-là, fut plus humaine et plus chaleureuse que les précédentes. La déférence que j'avais accordée à l'une de leurs croyances, le temps que j'avais pris pour jouer mon rôle dans le théâtre de leur culture, la décontraction avec laquelle j'y avais succombé, avaient créé la complicité respectueuse sans laquelle il n'y a pas de vraie rencontre. C'était un dicton comme les autres, auquel personne ne croyait plus que ça. Mais jouer à faire semblant de m'y laisser prendre, c'était dire à ceux avec qui je partageais le *pacu* que j'avais bien voulu apprendre quelque chose d'eux, en rire, et montrer que j'étais suffisamment bien en leur compagnie pour prendre le faux risque de braver ce dicton. L'étape ne doit pas être qu'une simple halte où le voyageur profite de l'hospitalité de ses hôtes. Telle que je l'envisage, elle ne peut être qu'un échange qui débute par le partage des émotions. Très souvent, cela commence par le partage des gestes quotidiens et des références coutumières, le respect, même amusé, des rites familiers, et le temps passé sans compter.

Souvent, le nombre tue l'hospitalité. Il est en effet plus difficile d'être distingué et accueilli lorsqu'on arrive au sein d'une foule que lorsqu'on s'avance seul, démuni, sans exigence de générosité de la part d'autrui. Chaque visiteur érode, par sa seule présence, un peu de la culture qu'il visite. Mais peut-être y apporte-t-il aussi quelque chose de nouveau qui construit, petit à petit, une autre culture ? Après tout, les civilisations que nous aimons découvrir ne sont que l'aboutissement de siècles de métissage et de pillage. L'important est plutôt que les fragments que nous détruisons involontairement chez les autres, nous les emportions avec nous pour en conserver la trace, comme si chacun de nous devenait un musée virtuel et intime de ce qu'il a connu ailleurs. Il reste que le passage ne s'effectue pas sans dommage, un peu comme dans le conte d'Alphonse Daudet *L'Homme à la cervelle d'or*. Le monde est un trésor, mais chaque éclat dont nous enrichissons le musée intime de notre mémoire n'est-il pas un morceau de l'œuvre originale que nous détruisons peu à peu ? Peut-on dans ce cas prétendre garder une insouciance qui nous autoriserait à déambuler à travers le monde sous prétexte que nous le faisons avec bonhomie et bienveillance ? Je pense que oui, dans la mesure où la nonchalance représente la façon *la moins mauvaise*, sinon la plus honnête, de voyager.

Ce qui dénature le voyage, c'est davantage la distorsion du temps que la distance. La distance parcourue amène progressivement au frottement des cultures. Le temps compressé en provoque le choc. Là où le frottement lent crée des poudres qui se mêlent et se mélangent, le choc projette des éclats qui se brisent. Il est légitime pourtant que le voyageur profite de la vitesse pour gagner du temps et abolir les distances. Mais celles-ci demeurent immuables, et seul le temps utilisé pour les parcourir se compresse. Or le temps gagné, trop souvent, ne sert pas à s'arrêter plus longtemps. Le voyageur souffre un peu dans ce domaine du syndrome de la technologie automobile. À chaque progrès technique, les ingénieurs améliorent la force, la capacité et la stabilité de freinage des véhicules, mais la certitude de pouvoir mieux freiner pousse alors les conducteurs à freiner plus tard et plus fort. La technologie ne supprime pas le risque : les automobilistes prennent le même risque, mais dans un temps plus court. Il en est de même pour le voyage.

Le gain de temps sur son trajet pousse rarement le voyageur à faire étape plus longtemps. Au lieu de profiter du temps gagné pour prolonger une étape, il préfère s'offrir d'autres étapes dans le temps gagné sur le trajet. On peut douter du bénéfice ainsi obtenu. Bien sûr, le voyageur aura vu plus de choses et enrichi son musée intime de plus d'impressions, mais qu'aura-t-il reçu et laissé en échange ? C'est d'ailleurs un travers qui s'applique même à l'étape. Combien de voyageurs courent une ville avec une *check-list* en main, se félicitant d'avoir « fait » tel musée ou tel marché. J'ai visité un soir à Amsterdam une exposition consacrée à Van Gogh. Je me suis arrêté une heure devant les blés jaunes et n'ai rien voulu voir d'autre. Certains instants privilégiés sont comme les blés jaunes, suspendus et bénis des dieux. Ils peuvent naître d'une bière au bord d'un *klong* à Bangkok, d'un *empanada* de viande douce à San Telmo, d'une fraîche solitude sur les Russian Hills de San Francisco. Ils naissent surtout du fait que rester nous pousse à rencontrer, comme ce soir-là un visiteur au musée Van Gogh s'est amusé de ma fascination et est devenu un guide amical et attentionné pour me faire visiter son quartier. Beaucoup d'entre nous ont perdu, dans l'art du voyage, le sens du partage. Ils prennent sans donner. Ou bien ils payent, comme les conquistadors payaient les indigènes en bijoux de pacotille. Mais l'échange n'est pas un paiement. C'est un partage. Il faut une parité entre ce qu'on prend et ce qu'on donne. Quand on reçoit en émotions, il faut avoir l'élégance de payer en émotions. Mon guide et moi avions partagé l'émotion des blés jaunes, nous avons partagé celle de marcher ensemble dans sa ville.

Poconé n'était qu'un tout petit village au sud de Cuiabá, dans le grand Pantanal inondé, cette terre au sud du Mato Grosso brésilien que Lévi-Strauss a parcourue, et où il était si tentant pour moi de glisser ma pirogue dans son sillage. Vingt et un jours sans mettre pied à terre. Je ne compris pas tout de suite que la maison de bois où je m'arrêtai était un bordel tant les filles y étaient jeunes, gentilles et timides. J'étais jeune aussi, et timide encore. Quand Flora prit sur elle pour venir me parler, elle ne me demanda que des souvenirs de voyage. Les filles, dans cet endroit et à cette époque-là, ne demandaient pas explicitement d'argent mais « un petit cadeau ». Ce que voulait Flora comme cadeau, c'était des récits de voyage et la promesse d'une carte postale de Paris. Elle voulait pouvoir dire qu'elle avait un ami à Paris. Plus tard, nous traversâmes une place boueuse de terre rouge et glissante et elle me guida à travers des ruelles de bicoques en bois jusqu'à chez elle. Dans la baraque bariolée, éclairée à la bougie et aux néons de couleur, vivait toute sa famille. Les parents à la fraîche dans l'ombre dehors sous un manguier. Un frère militaire qui fumait quelque part. Dans une pièce grande comme une penderie, trois mômes presque nus devant une *novela* à la télé, enchevêtrés sur un petit sofa. Elle les fit déguerpir et je l'aidai à tirer le sofa dehors sous les manguiers. Dans le chahut de la télé et des enfants, nous restâmes une partie de la nuit à parler de son pays et du mien, et elle me montra sa collection de cartes postales.

Toutes les rencontres sont ce qu'elles sont. La nonchalance consiste à s'y abandonner en connaissance de cause. Comme il faut savoir résister à la tentation pour mieux y succomber, la nonchalance aussi est un doux abandon. Elle consiste également à se désintéresser non pas de l'instant vécu, mais du jugement des autres sur cet instant qui n'appartient qu'à vous et à ceux avec qui vous le partagez. Bien sûr, c'était un petit bordel à Poconé, et Flora une jeune prostituée. Tout système atteint ses limites, et me voilà peut-être arrivé à celles de ma désinvolture. Ou plutôt revenu au paradoxe de la charogne. Certains verront dans les lignes qui précèdent plus d'insolence que d'élégance. La prostitution est un fléau qui mine nombre de pays pauvres. Ne pas la voir, n'est-ce pas un artifice pour détourner le regard de la laideur de la chose ? Ou, pire encore, pour se justifier de s'y abandonner ? Je ne regrette rien de chacun des instants que j'ai vécus au cours de mes voyages, y compris des moments partagés avec Flora. Je ne pense pas non plus que ces moments remettent en cause quoi que ce soit de ma petite philosophie. Flora était une jeune fille d'un pays pauvre et moi un voyageur occidental privilégié de passage dans sa vie. Que nous nous soyons rencontrés et abandonnés l'un à l'autre avec nonchalance ne change rien à la conscience que nous avions l'un de l'autre. Peut-être même était-ce moi, à ses yeux, la charogne laide en elle-même mais attirante à ses yeux, qui sait ? L'insouciance en voyage n'est pas une absence de réflexion, plutôt un détachement envers le jugement que les autres peuvent porter sur soi et l'acceptation de ce que le voyage change et provoque en soi et chez ceux qu'on rencontre. Seule la conviction intime du voyageur d'avoir bien ou mal agi compte en l'espèce.

Je me souviens d'un ami avec lequel j'ai « couru les taureaux » pendant les fêtes de Pampelune. Face à mon incompréhension, il refusait de s'expliquer sur sa fascination pour les corridas. Il résista longtemps à mes demandes de justification, avant de lâcher : « Le spectacle me fascine. Le malaise qu'il provoque en moi ne regarde que moi. » Le voyageur aussi doit être fasciné par ses voyages, et les malaises que ses rencontres provoquent en lui ne regardent souvent que lui. Mais le fait qu'il soit conscient de telles perturbations fait déjà de lui un voyageur particulier, qui a conscience de ne jamais être un élément neutre, conscience que, toujours, il dérange quelque chose dans l'ordre de ce qu'il traverse. Qu'il le sache est un gage de son honnêteté. Le même ami aimait à provoquer en se désignant comme raciste. Aux bonnes âmes qui juraient ne pas l'être, ne jamais l'avoir été et ne pas supporter qu'on le soit, il répondait : « Je sais que je le suis au fond de moi, de façon instinctive et involontaire, par nature, conditionnement culturel ou social. Le savoir et reconnaître que je le suis me permet de me reprendre et de me corriger chaque fois que je me surprends à l'être. » Il n'y a pas, dans ce sens, de voyageur intègre. Ce dernier du reste ne voyagerait pas, de crainte de porter atteinte aux cultures qu'il pourrait traverser, ou dissoudrait complètement sa propre culture dans les cultures locales par souci de respect absolu. Il peut seulement exister des voyageurs honnêtes qui gardent toujours présente à l'esprit leur nature d'étrangers de passage. Ceux-là ont l'élégance de prendre le temps de partager avec amabilité la curiosité et les émotions réciproques qu'ils ressentent. Les autres ne sont pour la plupart que des touristes ou des visiteurs. D'autres, enfin, ont l'hypocrisie de croire qu'ils voyagent dans le respect des cultures, comme si un peuple ne se définissait que par là. C'est nier à autrui son statut d'individu libre, capable d'éprouver des sentiments singuliers et d'aspirer à la rencontre autant que nous à la sienne. Le voyageur n'est ni un anthropologue, ni un ethnologue. Le voyage est de nature intime et personnelle. Il ne peut se partager que dans des rencontres intimes et personnelles, dont la clé ne peut rester qu'intime et personnelle. « La beauté se raconte encore moins que le bonheur », écrit Simone de Beauvoir dans *La Force de l'âge*. Il en va de même de la beauté du voyage.

J'ai été expulsé *manu militari* du Brésil vers la Bolivie alors que j'avais le pied dans le plâtre, l'os du talon éclaté en sept morceaux. J'ai boité sur mes béquilles de Corumbá jusqu'à La Paz, où les caprices d'un chauffeur de taxi m'ont mené à l'Hôpital général n° 8. Le chirurgien qui m'y soigna s'amusa de ma situation et me recommanda une bonne rééducation. Comme je lui demandai comment faire, d'un geste panoramique il me montra le paysage des sommets qu'on apercevait par la fenêtre. Il suffisait que je me promène à ma guise par monts et par vaux pour m'assurer la meilleure des convalescences. Puis, quand il comprit que j'avais été expulsé dans l'urgence et me retrouvais sans moyens, il m'accorda son hospitalité. Le lendemain, il me conduisit hors de La Paz par une route vertigineuse jusqu'à une sorte de station de ski qui semblait désaffectée. « Avez-vous déjà marché à plus de 5000 mètres d'altitude ? » me demanda-t-il tout sourire en me tendant une jolie canne en bois à pommeau.

Nous marchâmes quatre heures durant dans un décor époustouflant, côte à côte, sans trop nous parler à cause de l'oxygène rare. Bien qu'il semblât connaître le sentier par cœur, nous partagions à chaque instant de pause la même émotion. À quelques centaines de mètres d'un point culminant, nous devînmes soudain le centre d'attention de groupes bariolés et emmitouflés qui nous photographiaient comme des héros. C'étaient des touristes fiers eux aussi de se prendre en photo au sommet du Chacaltaya, à 5395 mètres d'altitude. Dès que nous eûmes atteint le petit promontoire aménagé, je m'aperçus qu'ils étaient venus en bus, car de l'autre côté montait une route qui menait directement de La Paz jusqu'à 100 mètres sous le sommet. Après avoir admiré le point de vue sur la Cordillère qui s'étend jusqu'au lac Titicaca et les sommets enneigés du Potosí et du Condoriri, nous repartîmes pour quatre heures de marche dans l'autre sens. Il fallait bien tout ce temps, selon mon guide, pour « encaisser » cette première approche des Andes. Comment les gens, déposés là-haut pendant une demi-heure, pouvaient-ils prétendre avoir « emmagasiné » une telle émotion ? Comment cette vision des Andes pouvait-elle s'imbriquer dans la découverte, le même jour, du marché Rodriguez, de la rue Belisario Salinas et du musée Tambo Quirquincho, avec en prime un petit bout de la vallée de la Lune et un déjeuner sur les rives du lac Titicaca ? À chaque jour, on le sait, suffit sa peine. À chaque étape suffit son émotion, ajoutait mon chirurgien. Pour qu'un message soit mieux perçu, les spécialistes du marketing parlent d'USP, *Unique Selling Point*. Je suis devenu un adepte de l'*Unique Daily Emotion* au cours de mes voyages. Le voyage, c'est une belle émotion par étape, avec le temps qu'il faut pour l'assimiler.

J'ai connu quelqu'un qui se vantait de n'avoir jamais voyagé. Pour lui, la seule aventure était l'entreprise, le risque économique. Peu à peu, je l'initiai aux vertus des *vacances*, et il commença à voyager. Seules l'impressionnaient les grandes constructions humaines : les pyramides de Khéops et de Teotihuacán, le mur de Cusco et la muraille de Chine, les palais du Potala et du Taj Mahal, tout ce qui pouvait le confirmer dans l'idée du génie humain et dans sa propre idée de l'aventure, qui restait une conception industrieuse. Des paysages, rien ne le séduisait. Dans les immenses solitudes fleuries des steppes de Sibérie ou dans la force brutale des chutes du Zambèze, il ne voyait que des accidents de la nature. On aurait donc pu le croire attentif à une certaine humanité, et pourtant il ne faisait que traverser des foules au pied de ces monuments, se justifiant par le fait que les hommes étant partout les mêmes, ils ne pouvaient être surprenants. Alors que leurs œuvres sont toutes différentes et originales, eux ne seraient que comme vous et moi, à peu de chose près. Chaque homme, chaque femme, chaque enfant dans le monde, c'est vrai, est animé des mêmes affects fondamentaux. Mais c'est là justement cette découverte qui ajoute de la richesse aux voyages. Ce qui m'intéresse à Cusco comme au Caire, ce n'est pas tant la pierre aux douze angles ou la pyramide que de partager une émotion commune avec celui qui vit, chaque jour, au pied de ces monuments spectaculaires. À la fois le passé qui le lie à ces pierres et le présent qui le lie à moi, ainsi que l'avenir qui nous différencie. « Pour bien aimer un pays, il faut le manger, le boire et l'entendre chanter », dit Michel Déon ; c'est-à-dire s'attacher à comprendre le mode de vie de ceux qui lui donnent un sens et un visage singuliers.

Au cours d'un voyage de presse, j'ai visité le delta du Danube à l'époque de Ceauşescu. Notre petit groupe, bien encadré, glissait à bord des *locas* pointues à travers les roseaux, admirant la flore et la faune « officielles ». Lors d'une étape obligatoire dans un village lipovène pour une dégustation de caviar local, je découvris que la femme mal fagotée qui nous servait sur la véranda de sa modeste maison parlait français. Quand je compris que c'était une professeur de français en disgrâce exilée dans le marais, je cherchai aussitôt à échapper à l'excursion du reste de la journée, faisant semblant de trébucher et de me fouler la cheville, en pensant à mon ami chirurgien de La Paz. L'après-midi que j'ai passé avec cette femme, en attendant que le groupe me récupère au retour, valait bien tous les pygargues à queue blanche et les balbuzards pêcheurs du delta. Notre causerie, côte à côte sur la terrasse face au marais, dans ma propre langue, nous mena de son histoire personnelle à celle de son pays, de la vie du marais à sa propre vie, de ses rêves de Paris à son bonheur contraint ici. Sans compter les mille détails vécus des choses du marais. Le goût du *bors de peste* et des *icres* de brochet et aussi des *sarmale* de vigne arrosés d'eau-de-vie de noyaux d'abricot. Encore une fois, en choisissant de suspendre le temps de l'étape, j'avais choisi de vivre une émotion plutôt que de voir un spectacle. Je reverrai des oiseaux et des marais, mais plus jamais je ne rencontrerai cette femme-là, à ce moment-là, dans ces conditions-là. Je la quittai sous les yeux étonnés de mes confrères d'un « Je vous baise la main pour la table », auquel elle répondit : *Sa va fie de bine !* – « Que cela vous fasse du bien ! » Et je suis sûr d'avoir payé cette femme d'une émotion qui valait pour elle davantage que les quelques lei en nickel que je lui laissai pour son caviar.

Quarante ans ont passé depuis les sofas de Great Neck et de Cole Street ; mes voyages ont changé. Dernièrement, j'ai voyagé en Argentine, de Buenos Aires à Bariloche en car *executivo*, un pullman *tuto letto* de fabrication italienne avec couchettes, steward à bord, repas chauds et *open bar*. J'ai traversé la pampa jusqu'aux contreforts des Andes en vingt heures dans un confort dont la plupart des maisons devant lesquelles je passais ne bénéficiaient pas. J'ai parcouru des quartiers défaits, des bourgades à l'abandon, des carrefours mercantiles, des fermes grandes comme des pays. J'ai vu défiler des paysages illuminés par le soleil rasant, après de terribles orages, comme quand je chevauchais pendant des milliers d'autres kilomètres mes premiers Greyhound américains. Bien sûr, j'ai plus d'argent et plus d'expérience que quand j'avais 20 ans. Moins de fougue et de temps aussi. C'est pourquoi je me suis posé la question de savoir si la nature de mes voyages avait changé elle aussi. À l'évidence, la réponse est oui. Est-ce un mal ? Aurais-je dû, tels ces vieux routards, continuer à voyager comme dans ma prime jeunesse pour conserver coûte que coûte la nonchalance qui faisait l'*élégance naturelle* de mes voyages ?

Un souvenir précis me pousse sans cesse à chercher une réponse à cette question. J'ai voyagé de Bangkok à Singapour à bord de l'Extrême-Orient-Express. Un train au luxe rare : une voiture-salon toute en boiseries et velours avec des sofas et des voltaires damassés. Une voiture-bibliothèque à l'anglaise et ses profonds fauteuils club en vieux cuir. En queue du train, une voiture-bar *cosy* comme un *lounge* d'hôtel avec un pianiste qui joue des standards sur un piano à queue, et un barman en smoking blanc qui prépare des Margarita ou des Singapore Sling. Et, luxe suprême, la seconde moitié du wagon en terrasse à ciel ouvert. C'est là que j'ai passé l'essentiel du voyage, surtout pendant la nuit, assis sur ce que je regrettais n'avoir pas été un vrai sofa. Cette année-là pourtant, Bangkok avait été inondée et les autorités, pour sauvegarder les beaux quartiers, avaient détourné les flots et les *klong* vers les quartiers déshérités. Quand le train s'est mis en marche, nous avions tous regagné la voiture-salon en « tenue de soirée » comme convenu, et des serveurs stylés nous offraient champagne et petits-fours. C'est là que j'ai aperçu, derrière les rideaux brodés de précieuseries, un bidonville de bicoques et de baraques submergées par les eaux sales et jaunes du Chao Phraya et au travers duquel les rails se frayaient un chemin à peine plus large que le train. Partout, dans l'eau jusqu'aux hanches, les habitants de ces quartiers inhumains regardaient passer notre train au ras de leur misère. Je m'imaginais de l'extérieur notre train illuminé et arrogant de luxe, avec ses échos de piano mondain, traversant cet océan muet de misère et d'injustice. J'ai pensé à la scène d'*Amarcord*, de Fellini, où l'attraction des pauvres est, le soir tombé, d'aller en barque au large voir glisser dans la rade la masse illuminée et féerique du paquebot *Rex* avec sa cargaison d'imaginaire. Bien sûr, je me suis demandé si je n'avais pas trahi les idéaux de ma jeunesse.

La réponse, cruelle, est que les voyages gardent la signification qu'on leur accorde, comme le poème accordait nonchalance et beauté à la charogne. Je garde toujours de cette traversée des bidonvilles submergés de Bangkok le goût amer d'un luxe arrogant, mais aussi, je l'avoue, le souvenir inoubliable d'une traversée silencieuse de la péninsule Malaise inondée, à la belle étoile, comme sur un ponton roulant bercé par le balancement lancinant des bogies, avec la perspective fuyante des rails luisant sous la lune. Puis au matin, penché à la fenêtre de ma cabine, je regardai le reflet du train dans une longue courbe à travers une plaine inondée. L'eau masquait les rails et reflétait les nuages. Le train semblait suspendu dans le vide entre deux ciels, en équilibre sur des perspectives en abîmes. Je ne garde pas d'image plus délicieusement irréelle que l'illusion de ce train dans le ciel.

Pourtant ce qui m'apparaissait alors comme une beauté sans nom, qui suscitait en moi une émotion empreinte de magie et faisait de ce moment un instant privilégié, n'était pour toute une population qu'un terrible fléau n'apportant que malheur et désolation. La charogne et la beauté, encore une fois, et pour seul lien entre elles l'insouciance qu'il faudrait justifier et qui, dans le pullman de Buenos Aires à Bariloche, réveille en moi le souvenir amer de ce train dans le ciel menaçant.

Comme je l'ai dit, je pense que le trajet et l'étape sont deux perceptions fondamentalement différentes du voyage. Le déplacement et la pause, s'ils contribuent à créer le même voyage, répondent à des logiques et à des émotions différentes. L'un ne va pas sans l'autre, mais on peut préférer l'un à l'autre, et j'ai dit ma préférence pour la pause parce qu'elle est de l'ordre de l'intime. Or, ce qui nous est intime répond souvent aux ressorts de l'émotion plus que de la réflexion, et l'émotion peut-elle, doit-elle même, se justifier ?

Le voyage ne peut pas être une expérience exempte de tout dérangement pour le voyageur. Si l'on en croit Mac Orlan : « L'aventure n'existe pas. Elle est dans l'esprit de celui qui la poursuit. » Il en va de même du voyage. Il est autant dans la tête de celui qui le vit que dans le chemin qu'il déroule. Chaque voyageur doit inventer son voyage, comme chaque individu doit inventer sa vie. Mais, ce faisant, il interprète ce qu'il voit à travers des prismes qui lui sont personnels : sa culture, ses souvenirs, ses attentes, ses émotions. Le vrai voyageur qui, rappelons-le, ne devrait idéalement assigner ni but, ni terme précis à son voyage, promènerait donc avec lui sa propre vision du monde alors qu'il a justement pour ambition de le découvrir. C'est un paradoxe qu'on surmonte dès qu'on accepte que le voyage est, par nature, ambigu. Il n'y a pas de contradiction entre succomber au moment privilégié d'un train de luxe qui se mire dans le miroir d'une plaine inondée, et comprendre en même temps que cette image magique est aussi le reflet des malheurs de toute une population. Ce sont deux perceptions d'une même réalité, l'une esthétique et l'autre morale ; chacune d'elles est émotionnelle.

La nonchalance est ce qui permet de lier ces deux perceptions sans en privilégier aucune, dans la mesure où elle nous accorde de ne pas choisir. Succomber à la beauté de l'instant sans être dupe de l'horreur qui la crée. Savoir que ce magnifique artifice de la nature n'est que le double d'une réalité tragique et ne se masquer ni l'une ni l'autre. J'ai croisé bien des voyageurs ou rencontré bien des sédentaires outrés par ce que je viens de coucher ici sur le papier, comme certains l'auront été de mes souvenirs de Poconé. Pour eux, ma prétendue nonchalance n'est que le beau nom d'une lâche faiblesse, une hypocrisie bourgeoise, un refus de s'engager. Il est vrai qu'en traversant les faubourgs inondés de Bangkok, je me suis demandé pourquoi ces gens miséreux, sacrifiés, exposés et très sûrement humiliés ne lapidaient pas le train pour le prendre d'assaut et piller les réserves de vivres de nos voitures-restaurants. Ou tout simplement pour fracasser de colère le symbole injuste de ce que nous osions être. Je pense que je l'ai craint, comme tous les autres passagers je suppose, et que je l'aurais probablement compris. Mais pour être sincère, n'est-ce pas la façon dont nous voyageons tous, tout au moins nous, voyageurs occidentaux ? Ces merveilles devant lesquelles nous nous extasions et nous figeons d'émotion ne font-elles pas souvent le malheur quotidien ou le pénible labeur des autres ? La magnifique composition graphique à contre-jour de ces silhouettes courbées dans le miroir des rizières en terrasses du nord de Luzon ? Des serfs contemporains qui s'échinent à d'improbables récoltes qui ne leur appartiendront jamais. Ces mômes nus qui dansent en riant autour d'un ballon sur les collines de Rio ? Des miséreux des *favelas* dont chaque jour est une violence et chaque nuit une souffrance. Ces cathédrales d'orages lumineux et sombres à la fois empilés à l'horizon des steppes de Mongolie ? La hantise des nomades de voir leurs yourtes inondées et leurs troupeaux dispersés. La beauté des lumières rasantes sur les déserts ? Des terres arides, dures et cruelles aux populations déshéritées qui y survivent. Les marchés bariolés des hauts plateaux de Bolivie ou du Pérou ? Des empoignades pour vendre de quoi survivre jusqu'au marché suivant. La mosaïque bleue des maisons de Jodhpur au pied de la citadelle ? Des quartiers pauvres et disgraciés où s'entasse une humanité déshéritée… Il faut se l'avouer : chacune de nos photos-souvenirs est l'image d'une beauté qui représente souvent la hantise de ceux que nous ne faisons que croiser. C'est sans doute pour cette raison que j'ai cessé depuis longtemps de faire des photos en voyage.

Aurais-je dû pour autant arrêter de voyager ? Les plus beaux soleils couchants ne sont que la réfraction de la lumière à travers les particules d'une couche polluée de l'atmosphère. Le spectacle, à n'importe quel bout du monde, n'en reste-t-il pas moins magique ? N'y voir qu'une carte postale serait une vision naïve et simpliste. N'y voir qu'une pollution cosmique une vision trop cynique. Savoir que c'est à la fois l'une et l'autre, s'abandonner à la contemplation en se sachant perdu dans l'univers en même temps que là, sur cette terre, face à ce spectacle, c'est succomber avec volupté aux délices de la nonchalance.

À Key West, tout au bout de Duval Street, sur le ponton le plus au sud de l'extrême pointe des Keys de Floride, je suis arrivé un jour avec mon sac sur l'épaule. Pas moyen d'aller plus loin que ce ponton de bois face au golfe du Mexique. Puis, peu à peu, une foule m'y a rejoint. Des traîne-savates au bout de leur voyage comme moi, des *Hells Angels* sur leurs Harley, des ribambelles de Hare Krishna au son de leurs clochettes, des hippies avec leurs étals de biscuits aux herbes, mais aussi des touristes nikonisés, des bobos cocktailisés, des artistes inspirés et des chanteurs dylanisés. Une foule hétéroclite descendait chaque soir en « suivant le soleil » pour un *cocktail happening* improvisé sur le ponton. Jeans et robes du soir, Harley et Jaguar, Coca et Margarita. Un doux conciliabule amical à regarder, lentement, descendre le soleil sur l'horizon. Puis, quand l'astre le frôle, un grand silence heureux, le temps de le regarder couler encore une fois derrière le monde. Et dès qu'il a disparu, la foule gentiment applaudit et se disperse dans le calme. Elle reviendra le lendemain, à la même heure, espérant un jour apercevoir le fameux rayon vert d'Hemingway qui porterait bonheur.

« Au premier voyage, on découvre, disent les Touaregs, et au second, on s'enrichit. » Le premier jour, j'ai participé à l'attente du couchant par hasard mais j'y suis retourné chaque jour suivant de ce voyage et à chaque nouveau passage dans les Keys avec une joie accrue. J'ai vu le rayon vert plusieurs fois, ce dernier éclat capricieux de la lumière à travers la conjonction hasardeuse de je ne sais quelles particules. J'ai compris bien plus tard, en y revenant sans l'apercevoir, que le bonheur dont parlait Hemingway c'était tout simplement cette autre conjonction. Celle de voyageurs d'ici et d'ailleurs autour d'un petit cérémonial, dans un lieu chargé du sens que chacun lui prête avec la volonté de le partager…

Bien entendu, il ne peut être question de choisir entre l'itinéraire et l'étape, et quand je défends les vertus de cette dernière, j'ai bien conscience qu'elle n'existe que par le premier qui nous y amène. Cette nonchalance que je revendique, j'admets qu'elle s'oppose plus à la précipitation qu'au parcours, et c'est d'ailleurs ce qui fait perdre au voyageur pressé son élégance, que je maintiens comme une composante essentielle de la nonchalance. Souvent on entend le voyageur dire d'un hôte de rencontre qu'il avait, malgré sa pauvreté ou sa condition, une belle âme, une certaine noblesse. Mais dans le même temps la photo qui illustre son propos apparaît comme une image volée au détour d'une excursion. Je me demande alors ce qui pouvait justifier de ne pas s'arrêter le temps de rencontrer cette âme si belle qu'on en a volé l'image pour la montrer à son retour. Et la réponse, c'est le temps. Le temps du voyage, mal compris, mal organisé avant, et sacrifié pendant au profit de l'itinéraire à respecter. Il est vrai qu'il est devenu un privilège. Ou plutôt une richesse que nous surconsommons en l'exploitant au maximum comme nous le faisons de toutes nos ressources naturelles.

Nous ne sommes pourtant que du temps. Celui qui nous est imparti pour vivre et que nous cherchons à prolonger par nos croyances. Paradis, éternité, réincarnation, tout est prétexte à espérance, mais reste du registre du temporel. Il en va de même de notre vie qui ne se mesure et ne s'apprécie qu'à l'aune du temps qui passe et de ses échéances. Pourquoi en serait-il autrement du voyage ? Il n'est pas un déplacement dans l'espace, mais une gestion différente du temps. Voyager, c'est « prendre le temps » d'être ailleurs. L'importance que nous sommes prêts à conférer à nos voyages dépend du regard que nous portons sur nos vies. On peut voyager pour fuir, pour se construire, par curiosité ou par nécessité. C'est toujours un équilibre entre ce que nous sommes prêts à quitter et ce que nous sommes désireux de découvrir, en même temps qu'un équilibre entre le temps de l'absence et le temps voyagé. Que je parte pour un circuit organisé de trois semaines à travers les trois pays de l'ex-Indochine ou pour une aventure sans but en Afrique qui me fera revenir dans un an ou deux, le principe reste le même. Ce qui change alors, c'est la nature du désir. Dans un cas, celui de voir ou de connaître des choses ; dans l'autre, celui de les vivre. La différence, c'est le partage, l'envie que le voyage ne soit pas simplement le passage d'un individu dans la vie d'autres individus, aussi respectueux soit-il, mais un échange de temps et d'émotions entre gens qui se rencontrent. Pour cette raison, je préfère l'étape au parcours et j'aime laisser mes étapes se construire autour de rencontres inattendues que le temps favorise. Mes petites astuces pour y parvenir sont simples : si vous le pouvez, ne laissez pas l'échéance du voyage déterminer vos étapes et ne préparez l'étape suivante que si le désir de quitter la précédente s'impose doucement à vous. Prenez l'habitude de vous asseoir à côté des gens plutôt qu'en face d'eux, faites vôtres certaines de leurs préférences et défendez-les avec eux, apprenez quelques gestes quotidiens à partager en toute complicité, choisissez de vivre des rencontres plutôt que de voir des choses… La nonchalance fera le reste, qui n'est ni un désintérêt, ni une paresse, mais la démarche élégante et naturelle d'un voyageur qui se sait un étranger qui passe.

Depuis que j'ai écrit ces lignes, je suis retourné dans l'Ouest américain avec ma plus jeune fille et mes trois petits-enfants. Devant la magie de Monument Valley, ils ont demandé à prolonger l'étape. Zoé s'est assise face au désert, Sasha à sa gauche, Rafael et Léon à sa droite, et ils sont restés longtemps, jusqu'à la nuit, côte à côte, à ne rien dire d'abord, puis à parler du voyage, et enfin à se parler d'eux. Prenant avec une nonchalance naturelle le temps du voyage.

Saint-Samson-la-Poterie, Picardie
Mars 2011

DANS LA MÊME COLLECTION

1. Anne-Laure Boch – **L'EUPHORIE DES CIMES**
Petites considérations sur la montagne et le dépassement de soi

2. Jean-Pierre Valentin – **LE MURMURE DES DUNES**
Petit éloge du désert et de ceux qui y vivent

3. Émeric Fisset – **L'IVRESSE DE LA MARCHE**
Petit manifeste en faveur du voyage à pied

4. Stéphan Carbonnaux – **LE CANTIQUE DE L'OURS**
Petit plaidoyer pour le frère sauvage de l'homme

5. Bertrand Buffon – **LE GOÛT DE LA POLITESSE**
Petit précis des bonnes manières à l'usage du vaste monde

6. Baptiste Roux – **LA POÉSIE DU RAIL**
Petite apologie du voyage en train

7. Anne Le Maître – **LES BONHEURS DE L'AQUARELLE**
Petite invitation à la peinture vagabonde

8. Arnaud Cousergue – **L'ESPRIT DU GESTE**
Petite sagesse des arts martiaux

9. Patrice de Ravel – **LA CARESSE DE L'ONDE**
Petites réflexions sur le voyage en canoë

10. Marie Chastel – **LE SECRET DES PIERRES**
Petite célébration du monde minéral

11. Philippe Nicolas – **L'ENCHANTEMENT DE LA RIVIÈRE**
Petit bréviaire de la pêche à la mouche

12. Sébastien Jallade – **L'APPEL DE LA ROUTE**
Petite mystique du voyageur en partance

13. Albéric d'Hardivilliers – **L'ÉCRITURE DE L'AILLEURS**
Petits propos sur la littérature nomade

14. Mélanie Delloye – **LE RYTHME DE L'ÂNE**
Petit hommage aux baudets, grisons et autres bourricots

15. Nicolas Weill-Parot – **LA MAGIE DES GRIMOIRES**
Petite flânerie dans le secret des bibliothèques

16. Françoise Sylvestre – **LE PARFUM DES ÎLES**
Petite rêverie sur les atolls et les archipels

17. Matthieu Raffard – **LA SOIF D'IMAGES**
Petites révélations sur la lumière et la photographie

18. Christophe Houdaille – **LE CHANT DES VOILES**
Petites pensées sur la navigation hauturière

19. Marc Alaux – **LA VERTU DES STEPPES**
Petite révérence à la vie nomade

20. Julien Leblay – **LE TAO DU VÉLO**
Petites méditations cyclopédiques

21. David Gille – **L'ÂME DE LA CHANSON**
Petite esthétique des refrains populaires

22. Marc Tardieu – **LA SÉRÉNITÉ DE L'ÉVEIL**
Petit parcours initiatique sur les chemins du bouddhisme

23. Baptiste Roux – **LES ARCANES DU MÉTRO**
Petite chronique de la vie souterraine

24. Laurence Bougault – **LA LIBERTÉ DU CENTAURE**
Petit traité sur le voyage à cheval

25. Bernard Delloye – **LA JOIE DU VOYAGE EN FAMILLE**
Petites digressions sur l'école buissonnière

26. Julie Boch – **LES SORTILÈGES DE L'OPÉRA**
Petit aparté sur l'art lyrique

DANS LA MÊME COLLECTION

27. Rémi Caritey – **LES VERTIGES DE LA FORÊT**
Petite déclaration d'amour aux mousses, aux fougères et aux arbres

28. Lodewijk Allaert – **L'INSTINCT DE LA GLISSE**
Petit hymne au surf, aux vagues et à la liberté

29. Frédérique Bardon – **LE CHARME DES MUSÉES**
Petite balade dans l'univers des arts et de la mémoire

30. Benoît Fontaine – **LA QUÊTE DU NATURALISTE**
Petites observations sur la beauté et la diversité du vivant

31. Stéphane Georis – **LE TRIOMPHE DU SALTIMBANQUE**
Petit essai sur les arts de la rue

32. Patrick Manoukian – **LE TEMPS DU VOYAGE**
Petite causerie sur la nonchalance et les vertus de l'étape

33. Pierrick Bourgault – **L'ÉCHO DES BISTROTS**
Petite confidence sur les cafés, pubs, tavernes et autres buvettes

34. Gabriel Conesa – **LA RELIGION DU JAZZ**
Petites improvisations sur la musique américaine ancienne

35. Christophe Apprill – **LES AUDACES DU TANGO**
Petites variations sur la danse et la sensualité

36. David Lefèvre – **LA VIE EN CABANE**
Petit discours sur la frugalité et le retour à l'essentiel

37. Alexis Loireau – **LA GRÂCE DE L'ESCALADE**
Petites prises de position sur la verticalité et l'élévation de l'homme

38. Frédéric Gilbert – **LA SIMPLICITÉ DU KAYAK**
Petites leçons d'équilibre et d'intimité avec l'élément marin

39. Émeric Fisset – **LA FERVEUR DE L'ACCUEIL**
Petite théorie sur le don, le dialogue et l'hospitalité

Couverture : Stop / J. P. Greenwood – Corbis
Collection : « Petite philosophie du voyage »
Conception graphique : Matthieu Raffard
Réalisation : Transboréal
ISSN : 1956-0664
ISBN : 978-2-36157-065-1
Dépôt légal : février 2014

TRANSBORÉAL
EST UNE MAISON D'ÉDITION
QUI VEUT PROMOUVOIR LE TRAVAIL D'AUTEURS,
D'ILLUSTRATEURS ET DE PHOTOGRAPHES
AYANT FAIT PREUVE D'ABNÉGATION ET DE COURAGE
LORS D'ÉTUDES OU DE VOYAGES AU LONG COURS
MARQUÉS PAR UNE RÉELLE CONNIVENCE
AVEC LE MILIEU HUMAIN OU
LE MONDE NATUREL

23, rue Berthollet – Paris (ve)
téléphone : 01 55 43 00 37
télécopie : 01 55 43 00 38
contact@transboreal.fr
www.transboreal.fr

ACHEVÉ D'IMPRIMER EN JANVIER 2014 SUR LES PRESSES
DE LA NOUVELLE IMPRIMERIE LABALLERY
À CLAMECY (58)
NUMÉRO D'IMPRESSION : 312241